L'ASSASSIN,

Folie-Vaudeville en un acte,

PAR MM. LAUZANNE ET JAIME;

Représentée, pour la première fois, à Paris,
SUR LE THÉATRE DES VARIÉTÉS,
le 3 Août 1833.

PARIS.
J.-N. BARBA, LIBRAIRE,
PALAIS-ROYAL, GRANDE-COUR, DERRIÈRE LE THÉATRE-FRANÇAIS.

1833.

PERSONNAGES.	ACTEURS.
GIRAUD, rentier.	MM. Odry.
JOSEPH, frotteur.	{ Legrand. Dubourjal.
MOULINEAU, confiseur retiré.	Prosper.
ERNEST, son neveu.	Francis.
VICTOIRE, blanchisseuse.	Mlles Clara.
CAROLINE, fille de Moulineau.	Dupont.
GENEVIÈVE, domestique de Moulineau.	
Un Notaire, Témoins, Amis.	

La Scène se passe à Paris, chez Moulineau.

Nota. Les indications sont données de la salle. Ainsi le premier personnage inscrit en tête d'une scène doit se placer à gauche, etc. Les changemens sont désignés par des renvois.

S'adresser, pour la musique de cette pièce, à M. Tolbecque, Chef d'Orchestre du Théâtre des Variétés.

Imprimerie de DAVID, faubourg Poissonnière, n. 1.

L'ASSASSIN,

FOLIE-VAUDEVILLE EN UN ACTE.

(Le théâtre représente un salon ; deux portes latérales, une au fond. Deux tables, recouvertes de tapis sont placées, l'une à droite, l'autre à gauche.)

SCÈNE PREMIÈRE.

CAROLINE, MOULINEAU, *entrant par le fond. (Moulineau est chauve, il a une casquette et une redingotte de matin. Il est en culotte courte. Caroline est vêtue simplement, mais avec goût.)*

MOULINEAU, *avec humeur.*

Silence, mademoiselle ! Allez-vous me contrarier sans cesse, comme faisait feu votre excellente mère ? Ce n'était pas la peine de devenir veuf !

CAROLINE.

Mais aussi, mon père, vous conviendrez que quand on se marie, on peut y regarder à deux fois.

MOULINEAU.

Vous ne devez pas y regarder du tout. Pourquoi ai-je une fille ?... c'est pour charmer ma vieillesse ; si je vous marie, c'est parce que cela m'amuse ; eh bien ! si je prends un gendre qui ne me convienne pas, cela ne m'amusera plus, et ça ne charmera pas ma vieillesse.

CAROLINE.

Ça n'empêche pas que je ne veux pas être sacrifiée.

MOULINEAU

Mais est-ce que je veux vous sacrifier ?... Je vous marie à M. Giraud qui est un homme charmant.

CAROLINE, *d'un air mutin.*

Il a trois fois mon âge.

MOULINEAU.

Tant mieux, il aura trois fois plus d'expérience... Il a des manières...

CAROLINE, *l'interrompant.*

Ridicules.

MOULINEAU.

Une réputation...

CAROLINE, *de même.*

D'extravagance.

MOULINEAU.

De l'esprit...

CAROLINE, *de même, avec humeur.*

Comme un sot... et de la barbe comme un bouc !

MOULINEAU, *gravement.*

Caroline, je soupçonne que vous faites des observations.

CAROLINE.

Mais, mon père..

MOULINEAU, *avec bonhomie.*

Caroline ! tu es une bonne fille, j'aime beaucoup à t'entendre ; mais fais-moi le plaisir de te taire. (*S'animant*) Je sais ce que je fais, que diable ! je suis électeur, juré et sergent de voltigeurs, je sais ce que je fais!.. et je n'ai pas, pendant 25 ans, vendu des bonbons et de l'émétique pour entendre de pareilles choses...

CAROLINE, *le calinant.*

Eh bien ! voyons, ne vous fâchez pas.

MOULINEAU, *plus fort.*

Je suis retiré, c'est vrai ! mais cela ne me rappelle que de plus doux souvenirs. Je me vois encore dans mon comptoir.

Air de *Masaniello*.

Je t'unis l'utile et l'agréable,
(Apothicaire et confiseur) !
Mon enseigne était remarquable
Par son bon goût et sa grandeur ;
Mon nom s'y lisait d'une lieue,
J'avais de plus, tu t'en souviens,
Deux serpens, qui s'mordaient la queue,
Comme tous les gros pharmaciens.

CAROLINE.

Mais mon père, ça ne prouve pas que mon cousin Ernest?...

MOULINEAU, *avec bonhomie.*

C'est un gentil garçon... Je l'aime beaucoup, mais je ne lui confierai pas ma vieillesse... j'ai mieux que lui !

CAROLINE.

Papa! mon petit papa !...

MOULINEAU.

Allons, sois raisonnable ! notre ami Théophile Giraud, ton prétendu, a toutes les qualités, et de plus du talent... c'est merveilleux !... un homme qui va faire imprimer un volume de contes, couleur... (*S'arrêtant tout-à-coup et changeant de ton*) Allons, je ne me rappelle plus la couleur à présent... mais sois tranquille ! elle sera très-jolie. Quel bonheur pour toi, tu passeras tes jours et tes nuits à faire des contes avec ton mari.

CAROLINE, *avec dépit*.

Comme c'est amusant !

MOULINEAU.

Et quand je pense qu'il compose lui-même des charades et des énigmes, et qu'il n'y a pas une papillotte, un bonbon qui ne soient pleins de son esprit ! oui, je veux lui donner ta main comme une récompense nationale, je paye la dette de tous les confiseurs.

CAROLINE.

A coup sûr, je ne l'aimerai jamais !

MOULINEAU.

Tu l'aimeras : ta mère était comme toi quand je l'ai épousée et je n'en ai pas moins été... son bon poulot, comme elle m'appelait de son vivant... Ah ! ça... c'est aujourd'hui que nous signons le contrat, a-t-on bien mis tout en ordre, as-tu renvoyé ce maladroit de frotteur qui brisait tout et ne nettoyait rien.

CARORINE.

Ne craignez rien ; il en viendra un autre ce matin.

MOULINEAU.

A la bonne heure !

AIR : *Ne raillez pas la garde citoyenne.*

Pour que ma joi', mon ivress' soient complètes,
Ah ! songe bien à ce que je t'ai dit :
Il faut sortir pour faire nos emplettes,
Attends-moi là... je vais mettre un habit.

CAROLINE.

C'est mon malheur qu'une telle alliance,
De faire un choix, je voulais m'occuper.

MOULINEAU.

En fait d'mari, faut aller d'confiance,
Plus on choisit, plus on risqu' de s'tromper.

ENSEMBLE.

MOULINEAU

Pour que ma joi', etc.

CAROLINE.

Mon infortun', ma douleur sont complètes,
Oui, le destin aujourd'hui me trahit...

Ernest ! il faut bien que tu t'y soumettes,
Mon pèr' le veut, et sa fille obéit.

(*Moulineau entre dans la chambre à gauche.*)

SCÈNE II.

CAROLINE, *seule*.

Mon dieu, que je suis malheureuse ! Et Ernest n'a pas encore paru d'aujourd'hui ! Que fait-il ?... Lui, qui m'a tant promis d'empêcher ce mariage : ah ! s'il n'y parvient pas, je le détesterai, je serai furieuse, et je me sens capable d'adorer M. Giraud.

Air : *Si ça t'arrive encore* (de *la Marraine*.)

Je sens que ce retard fatal
Déjà me désole et m'irrite,
Et je vais aimer son rival
Pour me venger de sa conduite ;
Mais en y pensant j'ai souri...
   Quel avenir prospère !...
S'il faut, pour aimer mon mari,
   Que je sois en colère.

SCÈNE III.

ERNEST, CAROLINE.

CAROLINE, *d'un ton de reproche*.

Ah ! vous voilà, monsieur... C'est bien heureux !

ERNEST, *avec empressement*.

Ma bonne Caroline !

CAROLINE, *avec humeur*.

Je ne suis pas votre Caroline, monsieur. Je vous prie de me laisser.

ERNEST, *lui prenant la main*.

Eh mais ! qu'avez-vous donc ?

CAROLINE.

Voyons, ne me prenez pas les mains.

ERNEST.

Mais pourquoi ça ?

CAROLINE.

Parce que c'est aujourd'hui que se signe le contrat de mariage entre M. Giraud et moi.

ERNEST, *avec douleur.*

Comment ! il serait possible ?

CAROLINE.

Oui, monsieur. Vous deviez empêcher ce mariage qui vous désolait, à ce que vous disiez ; mais vous avez sans doute changé d'avis, puisque vous n'en avez rien fait ; j'ai agis comme vous, j'ai pris une autre résolution, et j'épouse M. Giraud.

ERNEST, *atterré.*

Ah, mon dieu, ma cousine, puisque cela vous convient, je souhaite que vous soyez heureuse ; quant à moi... (*Il va pour sortir.*)

CAROLINE, *le retenant.*

Eh bien ! vous voilà parti... Ah ! c'est comme çà que vous m'aimez ?

ERNEST, *avec chagrin.*

Mais que voulez-vous que je fasse, puisque vous le désirez ?

CAROLINE, *s'animant.*

Ce que je veux que vous fassiez ? Mais vous me faites mourir, avec votre sang-froid. A votre place... si j'étais un homme, je dirais : (*Avec beaucoup de véhémence et d'abandon*). Ah ! c'est comme cela ! Eh bien, ma cousine, vous êtes une perfide, une volage ; c'est une infamie ! votre père est un tyran, mon rival un sot ; mais vous ne l'épouserez pas, je vais le lui défendre, et s'il dit un seul mot, je me battrai, je le tuerai, je vous tuerai aussi et moi, après tout le monde ! Et je ne resterais pas là comme vous les bras croisés ; je voudrais tout briser, je serais furieux, je me mettrais en colère... (*prenant tout-à-coup un ton doux et modeste*) si je n'étais pas une demoiselle timide et bien élevée.

ERNEST, *avec feu.*

Eh bien ! Caroline, soyez tranquille ! je vais trouver votre père, je vais trouver M. Giraud, je le tuerai, je me tuerai après...

CAROLINE.

A la bonne heure... Mais alors, comment ferez-vous pour m'épouser ?

ERNEST.

Ah ! c'est juste !

CAROLINE.

Une demoiselle dit de ses choses-là, parce que cela n'est pas dangereux.

ERNEST.

Oui, vous avez raison... L'idée seule de ce mariage m'avait rendu fou ! mais il ne se fera pas... je mettrai tout en œuvre pour l'empêcher.

CAROLINE.

Et moi donc ! je vous seconderai de toutes mes forces... Oh ! j'ai du caractère, vous verrez.

MOULINEAU, *dans la coulisse.*

Caroline ! ma fille !

CAROLINE, *effrayée.*

C'est mon père !... Ernest, ne me quittez pas.

ERNEST.

Diable ! quel caractère !

SCÈNE IV.

MOULINEAU, CAROLINE, ERNEST.

(*Moulineau entre par la gauche ; il est coiffé d'une perruque blonde toute frisée, il a un habit et tient son chapeau à la main.*)

MOULINEAU, *entrant vivement.*

Ma fille, voilà ton futur ; il entre dans la maison.

ERNEST, *s'avançant.*

Monsieur Moulineau...

MOULINEAU, *avec mécontentement.*

Ah ! c'est vous, Ernest !... Vous étiez avec Caroline... Je ne sais pas ce que vous pouviez lui dire ; mais je vous défends dorénavant de lui parler de cela. Et vous, Caroline, je vous défends de regarder votre cousin avec d'autres yeux que ceux d'une cousine... voilà qui est convenu : Ernest est un parent éloigné qui se trouve près de nous, rien de plus. Voilà M. Giraud.

SCÈNE V.

MOULINEAU, GIRAUD, CAROLINE, ERNEST. (*Giraud entre vivement, il est pâle et a l'air effaré. Giraud porte les cheveux à la Périnet Leclerc, les moustaches et la barbe. Il a pour costume : la redingote de velours noir, ouverte, gilet à châle, cravatte de satin à bouts pendants retenus par une riche épingle, le col de chemise rabattu sur la cravatte. Pantalon de fantaisie, bottes, chapeau bas de forme à larges bords.*)

GIRAUD.

Beau-père, salut! mademoiselle, bonjour; monsieur Ernest, serviteur...

MOULINEAU.

Qu'avez-vous donc? comme vous êtes pâle!...

GIRAUD.

Si vous pouviez rester un moment sans me parler, ça me ferait bien plaisir.

ERNEST, *à part.*

Quel original!

MOULINEAU.

Mais qu'est-ce qu'il a?... mon ami! seriez-vous incommodé?

GIRAUD.

Du tout, du tout, au contraire.

MOULINEAU.

Vous n'avez peut-être pas déjeûné?...

GIRAUD.

J'avoue qu'aujourd'hui je n'ai encore pris que l'omnibus...

MOULINEAU.

Je vais vous faire servir à déjeûner... *(Appelant.)* Geneviève! Geneviève!...

GIRAUD, *à part.*

Diable de rencontre, va! *(Geneviève paraît.)*

MOULINEAU.

Apportez à déjeûner pour M. Giraud.....

GENEVIÈVE.

Oui, monsieur. *(Elle sort.)*

GIRAUD.

Ah! ça revient un peu. *(A part)* J'ai eu une venette...

MOULINEAU.

Et puis c'est sans doute l'émotion... un jour de signature.

GIRAUD.

Oui, je crois que c'est l'émotion! je suis si impressionnable!

MOULINEAU, *bas à Giraud.*

Parlez à ma fille, soyez galant.

GIRAUD.

Oui, père Moulineau. *(A Caroline.)* Jeune vierge! voici le jour heureux où vous allez m'appartenir... Je suis presque tenté de vous en faire mon compliment, tant je suis convaincu que le bonheur vous attend dans mes embrassemens.

ERNEST, *à part.*

Il est absurde!

MOULINEAU.

A-t-il de l'esprit!... il est pétri de moyens! il en est pétri, c'est le mot.

GIRAUD.

Beau-père, vous êtes un flatteur... Vous me flattez, mais vous me faites plaisir, ainsi que je ne vous gêne pas, continuez.

MOULINEAU.

Je ne dois pas laisser ignorer à ma fille vos belles qualités.

GIRAUD.

Bien !

MOULINEAU.

Elle sait que vous avez de la fortune, et quant à votre physique, elle a des yeux.

GIRAUD, *regardant Caroline d'un air galant.*

Ils sont même fort jolis ses yeux !

MOULINEAU.

Ah ! vous ferez un beau couple, vous charmerez ma vieillesse.

GIRAUD.

Continuellement. *(A Caroline)* Après ça, vous aurez encore un agrément avec moi, c'est que je serai très-soumis, vous n'aurez qu'à désirer quelque chose, et... si ça me convient, je le ferai tout de suite.

CAROLINE.

Vous êtes bien bon, monsieur. *(Bas à Ernest)* Et vous ne dites rien ?

ERNEST, *bas à Caroline.*

Je ne sais que dire.

GIRAUD.

Quant à la moralité, monsieur votre père peut vous le dire, je suis l'homme-vertu et vous êtes la première femme à qui j'adresse ma première parole d'amour, ma parole d'honneur ! et si en vous regardant, je ne suis pas rouge jusqu'aux oreilles, c'est que... je suis extrêmement pâle pour l'instant. *(Geneviève apporte sur un plateau, un pâté, du vin, et un couvert complet. Elle pose le plateau sur la table qui est à gauche, et se retire.)*

MOULINEAU, *à Giraud.*

Tenez, voilà votre déjeûner. Ça vous remettra... je vais sortir avec Caroline pour quelques emplettes indispensables... *(Giraud se dirige d'un air pensif vers la table à gauche et s'assied. Caroline met un chapeau et une écharpe qui sont sur un fauteuil.)* (1) Nous ne serons pas long-temps, faites comme chez vous. *(A Caroline)* Tous les hommes d'esprit sont comme ça, il a une idée vague, il complotte quelque devise fantastique. Viens ! ma fille ! *(à Ernest)* Ernest, tu vas aller chez mon notaire, dis-lui qu'il apporte le contrat.

(1) Giraud, Moulineau, Caroline, Ernest.

ERNEST.

Quoi! vous voulez?... c'est de la tyrannie.

MOULINEAU.

Tais-toi!

GIRAUD, *qui s'est levé.*

Votre neveu a l'air piqué...

MOULINEAU.

Au vif.

Air du Vaudeville de la *Nuit de Noël.*

(*à Giraud*) Allons, pour me complaire,
Restaurez-vous ici!
(*à Ernest*) Toi, va chez le notaire;
Je l'attends à midi.

ERNEST, *vivement.*

Jamais!

MOULINEAU, *d'un air menaçant*
Est-il possible?
Moi, je te chasserai!

CAROLINE.

(*a part*) Ah! quel arrêt terrible!
(*à Ernest*) Obéissez!

ERNEST, *à Moulineau.*

J'irai.

ENSEMBLE.

GIRAUD.

Ah! puisque le notaire
Doit venir à midi,
J'ai le temps, je l'espère,
De déjeûner ici.

CAROLINE, *à Ernest.*

Revenez, et j'espère
Vous retrouver ici.
Allez chez le notaire,
On l'attend à midi.

ERNEST, *à Caroline.*

Je reviens, et j'espère
Vous retrouver ici.
Je vais chez le notaire
Qu'on attend à midi.

MOULINEAU.

Allons, pour me complaire, etc.

(*Moulineau, Caroline et Ernest sortent par le fond.*)

SCÈNE VI.

GIRAUD, *seul, se promenant d'un air agité.*

Les voilà partis! Je puis donc souffrir à mon aise!... Je passe ma vie entière, depuis huit jours, dans un bain de larmes; le jour, je pleure; et la nuit, pour varier un peu mes émotions, je sanglotte... c'est la suite de ce qui m'arrive. Sur le point de me marier, j'ai su me faire auprès du père Moulineau une grande réputation de vertu, en lui cachant parfaitement quelques bonnes fortunes, comme nous en avons tous, nous autres hommes... palpitants d'actualité... et dès lors, je me mets en campagne pour rompre avec mes victimes. Elles ont généralement bien pris la chose; mais, il y a huit jours, je me transportai chez Mlle Victoire, jeune blanchisseuse charmante, mais blanchisseuse de fin! je sais trop ce que je me dois... je cherche à lui faire entendre, avec ménagement, que je veux me détacher d'elle, elle pâlit..... je lâche le mot affreux : « Je me marie ! » Alors l'infortunée s'empare d'un mouvement convulsif... et d'une paire de ciseaux de l'autre main... des ciseaux que le jour de sa fête j'ai ornés d'un ruban rouge... couleur atroce !... qui ne me sort pas des yeux. Je me précipite sur Victoire pour arrêter son bras... il n'était plus temps! la lumière était renversée; la malheureuse tombait sur une chaise en s'écriant (*il imite une voix de femme*) : Giraud! vous m'avez tuée! (Elle m'aimait trop, il n'y a pas de sens commun!) La peur me prend... seul dans cette chambre, je puis passer pour un meurtrier, pour un assassin! surtout si l'on a surpris les derniers mots de Victoire (*il prend une voix de femme*) : « Giraud! vous m'avez tuée ! » Ma tête n'y est plus... en ce moment j'entends du bruit à la porte... effrayé, je sors sur le carré... je cours à la fenêtre pour voir si personne n'est là pour m'épier et je me sens tiré par le pan de mon habit... V'lan !... c'était un homme, un simple commissionnaire qui me dit en souriant amèrement : « Eh bien! » monsieur! (*d'une très-grosse voix*) c'est du joli, c'est du » propre !... » Silence, malheureux! m'écriai-je, silence ! puisque tu as tout vu. Et en me sauvant, je lui glissai dans la main une pièce d'or. Le lendemain de ce jour fatal, je voulus savoir si mon malheur était complet, la maison de Victoire était toute tendue de noir... et près de là, je vis le commissionnaire qui me faisait des signes d'intelligence... plus de doute! Aussitôt je fuis le onzième arrondissement, pour ne pas être reconnu... inutile précaution! mon portefaix m'apparait chaque jour, en tous lieux! il me rappelle qu'il a mon secret... et moi, je lui donne de l'argent pour l'engager à se taire... Tout-à-l'heure encore en venant ici, je l'ai aperçu... il m'a dit bonjour de loin, mais j'ai tourné la tête d'un autre côté, et au détour de la rue, il a perdu ma trace. Enfin j'entre dans cette maison et... m'en voilà débarrassé !!

SCÈNE VII.

GIRAUD, JOSEPH.

JOSEPH, *entrant par la droite, à la cantonade.*
Soyez tranquille... Je m'en vais frotter le salon. (*Joseph entre en frottant. Il a une brosse sous le pied, un balai et un plumeau à la main. Pour le costume : Pantalon gris, bas bleus, souliers; gilet rouge à manches de couleur, point de veste ni d'habit. Casquette de loutre. Ce personnage exige beaucoup de bonhomie et de rondeur.*)

GIRAUD, *dans le plus grand effroi.*
Grand Dieu! c'est lui!

JOSEPH, *étonné et avec joie.*
Tiens! tiens! tiens! C'est vous, monsieur?... Ah! ben, v'là un drôle d'hasard, par exemple! (*Il s'approche de Giraud.*)

GIRAUD, *souriant.*
Je le trouve extrêmement plaisant, le hasard. (*à part*) Je souris comme un tigre altéré de vengeance.

JOSEPH.
Eh ben! comment que ça vous va, monsieur, depuis ce matin? car je vous ai déjà rencontré; je vous ai fait des signes, en clignant de l'œil, comme ça, mais vous ne m'avez pas vu.

GIRAUD.
C'est vrai. Et qu'est-ce que tu fais ici?

JOSEPH.
Je frotte! je frotte!

GIRAUD, *à part.*
Je ne pourrai donc pas lui échapper!

JOSEPH.
Mais il y a une chose qui me fâche : vous devez avoir des commissions à faire, et vous qui êtes bon enfant avec moi, ça me ferait plaisir de faire quelque chose pour vous, parce que, depuis le jour que j'ai fait votre connaissance, vous savez bien dans cet escalier...

GIRAUD, *très-effrayé, lui mettant de l'or dans la main.*
Silence! silence! Prends et tais-toi! Je vais voir si personne ne peut nous entendre. (*Il remonte la scène, regarde s'il aperçoit quelqu'un et ferme les portes.*)

JOSEPH, *à part, pendant que Giraud va et vient.*
Est-il drôle? v'là cinq ou six fois que je le revois, il me donne toujours de l'argent... Aussi faut avouer qu'il m'a une fameuse obligation...Le jour où je l'ai vu pour la première fois, il avait l'air d'un fou... je montais l'escalier

de la maison où c'que mon objet respire... V'là qu'au 3me, un homme s'élance vers la fenêtre... il aliait se détruire... je l'arrête... par son habit... ferme!... Et je peux dire que j'ai fait-là une bonne action et une bonne affaire.

GIRAUD, *revenant.*

Chut! (*à part*) Il ne faut pas qu'il sache que je suis ici pour me marier.

JOSEPH.

Dites donc, c'est pas chez vous ici?

GIRAUD.

Je suis chez des amis... Joseph! il faut que je te parle; c'est maintenant que j'ai besoin de toi.

JOSEPH.

Eh bien! vrai, ça me fait plaisir ce que vous me dites-là; je voudrais vous être utile... quoique je *save* bien que le service que je vous ai rendu...

GIRAUD, *d'une voix étouffée.*

Plus bas... plus bas donc! Si on t'entendait!... Tu ne veux pas me compromettre, Joseph?

JOSEPH.

Ah! plus souvent! il n'y pas de danger. Et puis, après ça, monsieur! un moment de désespoir! ça peut arriver à tout le monde... ça dépend des idées qu'on a... Moi, je vous blâme; je commence par vous dire que je vous blâme!

GIRAUD, *avec désespoir.*

Tu me tues... tu me ronges... ne me parle plus de ça.

JOSEPH, *avec bonhommie.*

Si, monsieur, si!... parce que, vous pourriez encore, dans un coup de tête...

GIRAUD, *vivement.*

Ah! jamais... jamais! (*à part*) Il croit donc que j'assassine des femmes tous les jours.

JOSEPH.

Moi, je vous suis attaché, monsieur, et franchement ça me ferait de la peine. (*avec naïveté*) Et puis, écoutez donc, vous ne trouveriez pas toujours là un bon garçon...

GIRAUD, *lui prenant la main, d'un ton suppliant.*

Joseph!...

JOSEPH.

Et où cela vous mènerait-t-il?

GIRAUD.

Ah! c'est affreux!...

JOSEPH.

C'est une leçon, monsieur...

GIRAUD.

Oh! oui; mais elle est amère comme chicotin... (*à part*)

Il faut absolument que je m'attache à cet être-là : si je quitte il me perdra. (*haut d'un air très-aimable*) Joseph ?

JOSEPH.

Monsieur ?

GIRAUD.

Aurais-tu, par hasard l'envie d'être heureux, mon bon ami ?

JOSEPH, *riant d'un gros rire.*

Ah ! c't'e bêtise...

GIRAUD.

Que te manque-t-il ?

JOSEPH.

L'impossible.

GIRAUD.

Mais encore, que desires-tu ?

JOSEPH.

Tout ce qu'il y a de mieux dans l'ordre social.

GIRAUD.

Bon !... Alors, je veux faire ton bonheur.

JOSEPH.

Eh bien ! j'y consens.

GIRAUD.

Je te fais une position indépendante... Tu seras mon domestique.

JOSEPH, *avec joie et d'un air de doute.*

Ah ! oui ?...

GIRAUD.

J'ai besoin d'un ami, sois-le... Si tu as besoin de quelque chose, ne t'adresse jamais qu'à moi.

JOSEPH.

Ma foi, monsieur, je veux bien.

GIRAUD, *à part et d'un air malin.*

Aussitôt mon mariage, je passe en Angleterre avec Caroline, et je le flanque à la porte.

JOSEPH, *à part.*

Faut-il que j'aie du bonheur d'avoir trouvé cet homme-là. (*haut*) Mais vous allez déjeûner : je vous en empêche.

GIRAUD.

Non, Joseph ; au contraire. D'ailleurs, je n'ai pas faim. (*à part*) Il m'a racorni l'estomac.

JOSEPH, *faisant un mouvement pour sortir.*

Ah bien ! moi, c'est pas l'appétit qui me manque.... Aussi, je m'en vais casser une croûte.

GIRAUD, *le retenant.*

Mais non... mais non... je ne veux pas que tu sortes ; mets-toi là... Je veux savoir comment tu t'y prends...

JOSEPH, *se dirigeant vers la table servie.* (1)
Pour manger ? (*Il s'assied.*)

GIRAUD, *debout à côté de Joseph.*

Oui, je veux que tu boives, que tu manges... que tu t'en donnes à tire-larigo... Et n'aie pas peur, c'est du pâté de foiegras... c'est une plume sur l'estomac...c'est un duvet!

JOSEPH.

AIR : du *Baiser au Porteur.*

Dieu! quel déjeûner admirable!
Moi, qui parfois, n'ai qu'du pain, rien avec;
Souvent, pour moi, qui suis un pauvre diable,
C'est un régal qu'un morceau de pain sec.

GIRAUD.
Peut-on avoir du goût pour le pain sec!

JOSEPH.
C'déjeûner-là, c'est plus friand j'espère...

GIRAUD, *à part, en s'éloignant.*
Maug' tout! maug' tout! Dieu! si j'pouvais c'matin,
En profitant d'son goût pour la bonn' chère,
Lui fair' passer celui du pain.

JOSEPH.

Vous êtes joliment bon, quoique ça... Ah! dam! c'est que si je n'avais pas un bon cœur aussi, vous ne seriez pa' ici, à c'te heure.

GIRAUD, *près de Joseph.*

Ne parle donc pas de ça. Desires-tu encore quelque chose ?

JOSEPH, *se levant.*

Au fait, au point où c'que nous en sommes, je n'ai plus guère besoin de me gêner. Vous pouvez m'être fièrement utile pour le moment.

GIRAUD.

Parle ! je n'ai rien à te refuser.

JOSEPH.

Voilà ce que c'est : j'ai tiré à la conscription il y a deux mois, et j'ai attrapé le n° 5.

GIRAUD, *dans la plus grande joie.*

Tu vas partir! eh bien! mais c'est charmant ça !... Mon bon ami, tu peux compter sur moi, je ne t'abandonnerai pas (*avec feu*) Être soldat, servir sa patrie, rien n'est si beau!

JOSEPH, *ironiquement.*

Oui, oui ; je sais bien.

GIRAUD.

AIR : du Vaudeville de *Julien.*
C'est le plus noble des états!

(1) Joseph, Giraud

JOSEPH.
Oui, vraiment! c'est comm' ça que j'pense :
A mon pays, je dois deux bras,
J'veux payer ma dette à la France.
GIRAUD, *avec feu.*
C'est beau d'voir figurer son nom
Parmi tant de noms qu'on renomme,
Et d'entendr' de près le canon,
Et d'aller p't-être un jour au Panthéon.
JOSEPH, *tranquillement.*
V'là pourquoi j'veux ach'ter un homme. (*bis.*)
GIRAUD, *désappointé.*
Acheter un remplaçant ! tu ferais-là une grande petitesse.
JOSEPH.
Et j'avais pensé que vous m'aideriez...
GIRAUD, *interdit.*
Moi ?
JOSEPH.
Après ça, si vous ne voulez pas...
GIRAUD, *vivement.*
Que dis-tu ?
JOSEPH, *tranquillement.*
Vous êtes libre : ça dépend de vous.
GIRAUD, *cherchant à l'amadouer.*
Voyons, voyons ; ne t'emporte pas... explique-toi.
JOSEPH.
Un homme, ça coûte cher... j'ai déjà marchandé... on demande des billets de banque, et je n'ai pas tout à fait la la somme... je ne possède que cinquante-trois francs... tandis que vous qui avez des milliasses, vous pourriez me tirer l'épine en question très-bien... Et puis, enfin, ce n'est pas un reproche, vous savez, il y a huit jours, dans l'escalier, vous m'avez dit...
GIRAUD, *vivement.*
C'est bon, c'est bon... tu resteras.
JOSEPH.
Quel bonheur !
GIRAUD, *très-animé.*
Puisque je te dis que tu resteras.
JOSEPH.
Oui, mais...
GIRAUD, *avec humeur.*
Mais, quoi ? voyons !
JOSEPH.
C'est qu'il est près d'une heure, et il faut qu'à deux heures j'aie mon homme, ou bernique ! (*Il s'assied à la table.*)

GIRAUD.

Tu l'auras ! tu l'auras ! (*à part*) Pourquoi faut-il que j'aie rencontré cet animal-là ! (*Il s'assied près de Joseph.*) Mange, mange (1).

SCÈNE VIII.

GIRAUD, JOSEPH *à la table*, MOULINEAU, CAROLINE, *entrant par le fond.*

MOULINEAU.

Que vois-je ? je soupçonne que M. Giraud déjeûne avec mon frotteur ?

GIRAUD, *sans se déranger.*

Ah ! pardon ! ne faites pas attention !

MOULINEAU.

Mais comment se fait-il ?...

GIRAUD, *retenant Joseph qui se lève.*

Ce n'est rien... ce n'est rien. reste ! ne te dérange pas !... (*A Moulineau avec embarras*) C'est une connaissance, mon frère de lait que je viens de retrouver..... je lui ai des obligations et je le prends à mon service.

MOULINEAU.

Ah ! bah !

CAROLINE, *avec étonnement.*

Son frère de lait !...

JOSEPH, *la bouche pleine.*

Oh ! oui, M. Giraud m'a des obligations.

MOULINEAU.

Que vous preniez ce garçon pour votre domestique, c'est bien ; mais...

Air d'*Yelva.*

A votre table, un homm' de cette espèce !

GIRAUD, *se levant* (2).

Il est très propre !

MOULINEAU.

Ah! j'en suis stupéfait !

GIRAUD.

Sa mèr' pour nous n'avait qu'une caresse,
Au même sein chacun de nous puisait...
Pour moi, c'est plus qu'un ami, c'est un frère !
A l'obliger, oui! je suis décidé.
(*Prenant Joseph dans ses bras et tournant la tête vers Moulineau.*)
Je veux l'nourrir comm' m'a nourri sa mère ?..

JOSEPH, *vivement.*

Mais un instant !.. par un autr' procédé.

(1) Giraud, Joseph.
(1) Joseph, Giraud, Moulineau, Caroline.

GIRAUD.
Oui, j'veux l'nourrir comm' m'a nourri sa mère
Mais par un autre procédé.

ENSEMBLE.
JOSEPH.
Mais ça n' s'ra pas par le mêm' procédé.

SCÈNE IX.

JOSEPH, GIRAUD, MOULINEAU, CAROLINE, ERNEST.

ERNEST, *entrant par le fond.*

Voici le notaire et les témoins. *(Pendant qu'Ernest fait cette annonce, Joseph a pris la table à déjeûner, qu'il porte dans la chambre à gauche.)*

SCÈNE X.

GIRAUD, CAROLINE, ERNEST, LE NOTAIRE, *assis à la table de droite,* MOULINEAU, *debout parlant bas au Notaire. Les amis et les témoins dans le fond.*

CHOEUR.

Air de la Walse de *Robin des Bois.*
Hommage à celle qu'il adore !
Notre présence dans ces lieux,
Amis, rendra plus doux encore
L'instant qui doit combler ses vœux.

GIRAUD, *à Caroline.*
Quand ce jour fortuné va naître,
Quand l'on vous confie à mes soins,
Par amour-propre, je dois être
Trop heureux d'avoir des témoins.

ENSEMBLE.
Permettez, ô vous que j'adore,
Que leur présence dans ces lieux
Vienne rendre plus doux encore
L'instant qui va combler mes vœux.

CHOEUR.
Hommage à celle qu'il adore, etc.

MOULINEAU.
Ah ! ça, nous y sommes tous ?

TOUS.
Tous !

MOULINEAU.
M. le notaire ! vous allez nous lire le contrat. *(Moulineau et les témoins se groupent autour du notaire.)*

CAROLINE, *bas à Ernest.*
Comment ?... vous les avez laissé venir !...

ERNEST, *bas à Caroline.*
Impossible de les arrêter... votre père les avait invités à dîner.

SCÈNE XI.

JOSEPH, GIRAUD, CAROLINE, ERNEST, LE NOTAIRE, MOULINEAU. *(Joseph revient par la gauche ; il attire Giraud loin des autres personnages. Toute cette scène doit être jouée très-vivement.)*

JOSEPH.

Dites donc, monsieur, eh ben! mais...

GIRAUD.

Hein?...

JOSEPH.

Vous savez avant 2 heures mon remplaçant! il est une heure 1/2.

GIRAUD.

Ah! diable! ma foi, mon cher, impossible! voilà le notaire. (*A part*) Pourvu qu'il n'empêche pas mon mariage!

JOSEPH.

Vous allez acheter quelque chose?

GIRAUD.

Oui, je vais acheter quelque chose.

JOSEPH.

Vous ne pouvez pas me refuser ça, monsieur...

GIRAUD, *très-embarassé.*

Ah! mon dieu!... eh bien! voyons! (*Il s'avance vers Moulineau*) M. Moulineau, une affaire indispensable me force à sortir sur-le-champ. Je suis désolé... mais...

ERNEST *et* CAROLINE.

Que dit-il?

MOULINEAU (1).

Allons donc! allons donc! Je soupçonne que vous plaisantez... une affaire! mais laissez-moi tranquille, je suis là avec le notaire (2).

GIRAUD, *revenant auprès de Joseph.*

Dam! tu vois! je ne peux pas!

JOSEPH, *s'animant.*

Ni moi non plus, monsieur ; et si je suis obligé de partir, je ferai un malheur d'abord!

GIRAUD, *d'une voix étouffée.*

Tais-toi donc! tais-toi donc!...

JOSEPH, *pleurant.*

Alors, fallait pas me promettre... j'aurais agi autrement...

GIRAUD, *à demi-voix.*

Tu te comportes bien mal en société... Je ne peux pas sortir maintenant, ainsi...

JOSEPH, *de même.*

Ça m'est égal, monsieur, faut que vous y alliez. V'là mes

(1) Joseph, Giraud, Moulineau, Caroline, Ernest, le Notaire.
(2) Joseph, Giraud, Caroline, Ernest, le Notaire, Moulineau.

papiers pour les autorités et l'adresse de mon remplaçant. (*Il tire des papiers de sa poche et les remet à Giraud.*)

GIRAUD, *d'une voix étouffée.*

Mais tais-toi donc! J'y vas tout de suite. (*Haut*) Je reviens à l'instant, père Moulineau, ne vous impatientez pas! (*Il s'enfuit par le fond.*)

MOULINEAU.

Où allez-vous donc?... Attendez!

JOSEPH, *à Giraud.*

Allez! monsieur, allez! (*Il suit Giraud.*)

SCÈNE XII.

MOULINEAU, CAROLINE, ERNEST, LE NOTAIRE, TÉMOINS.

MOULINEAU, *allant au fond.*

Et le contrat... Giraud?... Giraud?...

ERNEST.

Il est parti!

CAROLINE, *à part.*

Quel bonheur!

CHŒUR.

Air : *Je reconnais ce militaire.*

ERNEST et CAROLINE.
Sa fuite est vraiment incroyable,
Quitter ainsi cette maison ;
Le ciel m'est enfin secourable,
Giraud a perdu la raison.

MOULINEAU, LE NOTAIRE *et* LES TÉMOINS.
Il fuit, ah! c'est épouvantable !
Un pareil trait dans { ma / sa } maison !
Un jour de noc's c'est incroyable !
Mon / Son gendre a perdu la raison.

(*Moulineau invite, par un signe, le Notaire et les témoins à passer dans l'appartement à gauche ; il les suit avec Caroline. Il est essentiel que tout le monde ait disparu lorsque le chœur est fini.*)

SCÈNE XIII.

ERNEST, *puis* JOSEPH.

ERNEST, *d'abord seul.*

Je ne reviens pas encore de la conduite de ce nigaud ; je ne le croyais que sot... mais c'est décidément un imbécile. (*Joseph entre par le fond*) (1) Dis-moi donc, mon garçon, que t'a-t-il dit, tout-à-l'heure?

(1) Joseph, Ernest.

JOSEPH.

Ah! ça, monsieur, voyez-vous, je ne peux pas le reproduire ; mais si vous le saviez, vous verriez que c'est bien de sa part.

ERNEST.

Mais enfin...

JOSEPH.

Non, monsieur ! je ne peux pas, il m'en voudrait ; je ne peux pas.

SCÈNE XIV.

JOSEPH, VICTOIRE, ERNEST.

(*Victoire entre par le fond, un panier de blanchisseuse au bras. Le personnage de Victoire exige beaucoup de vivacité et de finesse. Costume grisette.*)

JOSEPH, *l'apercevant.*

Mam'zelle Victoire !

VICTOIRE, *étonnée.*

Vous ici, Joseph ?

JOSEPH.

Vous savez bien que j'vous ai dit que j'avais de nouvelles personnes à frotter... c'est ici... mais vous ?...

VICTOIRE.

Moi, j'apporte du linge à Mademoiselle Caroline... mais c'est donc le jour aux rencontres ?

JOSEPH.

Comment ça ?

VICTOIRE.

Oh ! rien, mais c'est que, à la porte de la rue, j'ai vu sortir un monsieur qui ne m'a pas aperçue...

JOSEPH, *vivement.*

Un monsieur ?

VICTOIRE.

Oui, avec un air distingué et une cravate de satin... ça m'a donné un coup...

JOSEPH.

Ça doit être M. Giraud !... il vous a donné un coup ?

ERNEST, *vivement.*

Vous le connaissez ?

VICTOIRE.

Ah ! j'crois ben, monsieur, que je le connais...

ERNEST, *ravi.*

En vérité, contez-moi donc ça !

VICTOIRE.

Je ne peux pas devant M. Joseph, parce qu'il a eu des idées à mon égard.

JOSEPH, *d'un air malin.*

J'en ai toujours des idées.

ERNEST.

Comment! est-ce que Giraud?...

VICTOIRE, *l'interrompant et vivement.*

Ah! monsieur! par exemple, jamais!... mais, malgré ça, c'est un fier monstre que votre M. Giraud!

ERNEST.

Bah?

JOSEPH.

Le fait est qu'il est très-laid pour un homme seul...

VICTOIRE.

Figurez-vous, M. Ernest, qu'il venait chez moi... parce que je suis blanchisseuse, et vous sentez qu'un jeune homme *bien* ne manque jamais de motifs pour venir chez une blanchisseuse...

JOSEPH, *l'interrompant.*

Il n'a qu'à tacher ses gilets, à abîmer ses cols.

VICTOIRE.

Juste! il s'est présenté sous un prétexte de cravates, alors il m'a dit une foule de choses... (*à Joseph*) C'est pas pour vous faire de la peine, mais vous sentez que quelqu'un *de bien mis,* qu'a des gilets brochés et un lorgnon d'émail, ça change joliment la manière de voir.

JOSEPH, *avec dépit.*

Coquette!

VICTOIRE.

Mais non, attendez-donc, dam! je dis tout... il me propose de sortir... pas dans Paris, il ne voulait pas qu'on le voie, rapport à sa famille, je ne donne pas là-dedans, c'était rapport aux autres.

ERNEST.

A merveille! c'est charmant!

JOSEPH, *piqué.*

Je ne trouve pas ça charmant du tout.

VICTOIRE.

Taisez-vous donc, Joseph! (*à Ernest*) V'là qu'il m'emmène à Romainville, il me paie des œufs, du lait, il m'achète du lilas, et nous montons à âne... une fois là-dessus, v'là qu'il me fait une déclaration, il me dit qu'il est fou de moi, que je mets bien mon fichu, que j'ai de belles dents et qu'il m'aimera toute sa vie, que nous resterons toujours ensemble... toujours sur son âne! en revenant, nous sommes entrés à l'Ile-d'Amour, c'est un procédé bien délicat, bien délicat... Aussi, ça m'a monté la tête, et alors...

ERNEST.

C'est délicieux!... dites-moi, mon enfant, vous pouvez me rendre heureux.

VICTOIRE.

Ah! je ne demande pas mieux, nous autres blanchisseuses, nous aimons rendre tout le monde heureux.

JOSEPH.

Je m'en aperçois.

VICTOIRE.

Eh bien! c'est joli! Joseph! vous dites des mots sur moi! et quand je pense que j'ai tout refusé pour lui... car je l'aim dans un sens, lui, monsieur...

JOSEPH.

Vous m'aimez! dans quel sens?

VICTOIRE.

Mais il n'a rien, tandis que l'autre était si riche, car monsieur, faut que j'vous finisse, c'est ça qu'est une horreur! M. Giraud me reconduit, et une fois à notre porte, bien le le bonsoir! vous entendez bien... j'y avais souri, c'est vrai, mais il n'y a pas de mal à ça... il devient pressant, moi je résiste. Alors, il m'est venu voir plusieurs fois, et un jour, il me promet qu'il reviendra le lendemain avec un châle 5/4, Ah! ça je l'avoue... ça m'a fait de l'effet; je n'en dors pas de la nuit; je l'attends, il arrive... il était tout changé, monsieur, il me dit qu'il ne peut plus m'épouser, qu'il n'aimera jamais que moi, mais qu'il vient me faire ses adieux; alors je dis : un instant, faut l'éblouir. Je fais tomber la chandelle, je pousse de grands cris, je prends une paire de ciseaux, je fais semblant de me percer, je tombe et ne bouge plus. Eh bien, monsieur! (*avec chagrin*) il s'est en allé, il m'a laissé par terre, sans connaissance et sans châle.

ERNEST, *souriant*.

Ah! c'est affreux!

VICTOIRE.

Et quand je me suis relevée, Joseph était près de moi...

JOSEPH.

Et vous n'avez pas voulu me dire ce que vous aviez.

VICTOIRE.

Non, ça vous aurait fait trop de peine.

JOSEPH, *se ressouvenant*.

Et c'est ce jour-là où je l'ai trouvé dans l'escalier, et je ne m'ai douté de rien... j'étais un affreux cornichon!

JOSEPH.

Eh ben! alors, mademoiselle Victoire, voulez-vous de moi, à présent?

ERNEST.

Mais certainement.

VICTOIRE.

Ah! monsieur, impossible!... M. Giraud m'a dit qu'il ne voudrait jamais me laisser marier à un autre, et j'ai peur de lui, car il y a des momens où on le croirait enragé.

ERNEST.

Ne craignez rien! Venez, mon enfant, auprès de ma cousine, auprès de mon oncle... vous leur raconterez tous vos chagrins et ils s'intéresseront à vous.

VICTOIRE.

Vous croyez?

ERNEST.

Je vous dis que vous épouserez Joseph.

VICTOIRE.

M. Giraud ne voudra pas...

JOSEPH.

Soyez tranquille.

ERNEST.

Air : *Gymnasiens, remettons à quinzaine.*

Venez! venez! et bientôt, je l'espère,
De vous calmer, je saurai le moyen.
Puisqu'en faisant votre bonheur, ma chère,
Je vais songer au mien.

VICTOIRE.

Monsieur Giraud, je parle avec franchise,
Ça m'est égal de n'jamais le revoir.
Il m'fait l'effet, voulez-vous que j'vous l'dise,
D'un très-beau schall que j'ne peux pas avoir.

ENSEMBLE.

JOSEPH.

Allez, allez! et bientôt, je l'espère,
Monsieur Ernest trouvera le moyen
De compléter notre bonheur, ma chère,
Puisqu'il travaille au sien.

VICTOIRE.

Pour assurer mon bonheur, je l'espère,
On peut encor trouver quelque moyen.
Près de votr' oncle, si le sort m'est contraire,
Devenez mon soutien!

ERNEST.

Venez! venez! etc.

(*Ernest et Victoire entrent dans l'appartement de gauche. Victoire emporte son panier.*)

SCÈNE XIV.

JOSEPH, *seul.*

Me voilà dans une position qu'on peut dire originale... d'un côté, ce M. Giraud me fait manger à sa table, me nourrit de pâté et me donne des poignées de main, en veux-tu? en voilà... bien! il veut me procurer tous les besoins de la vie et fait mes commissions dans ce moment-ci, sous prétexte qu'il est le maître, et que moi je suis son domestique : bon! d'un autre côté, mademoiselle Victoire qui m'aime et M. Giraud qui ne veut pas, parce qu'il adore mademoiselle Victoire... avec défense de se marier avec n'importe quoi... mais il me vient une idée pour m'unir ensemble nous deux elle.

SCÈNE XV.

GIRAUD, JOSEPH.

GIRAUD, *entrant précipitamment.*

Me voilà, me voilà, mon bon ami! Je n'en peux plus où sont-ils?

JOSEPH.

Ils sont là-dedans.

GIRAUD.

Tu ne leur a rien dit?

JOSEPH.

Oh! non, monsieur, jamais!

GIRAUD

Ah! mon cher, je suis essoufflé! j'ai la rate froissée par une marche hors de toute nature, mais je t'ai acheté un homme, tout ce qu'il y a de plus beau. Ça me coûte cher... mille écus. J'aurais pu en avoir un pour une trente-cinquaine de francs de moins, mais je me suis dit : il faut y mettre le prix... c'est pour Joseph, c'est pour mon Joseph...

JOSEPH, *avec reconnaissance.*

Ah! monsieur, combien je vous dois!..

GIRAUD.

C'est mille écus! mais je serai payé si tu es content de moi... (*Avec soumission*) Es-tu content de moi, Joseph?

JOSEPH.

Ah! monsieur... qu'est-ce qu'il me faudrait donc, alors... qu'est-ce qu'il me faudrait donc?

GIRAUD.

Très-bien! je n'en veux pas davantage... n'oublie jamais que je serai toujours ton ami... maintenant, je retourne auprès de M. Moulineau, car il doit être diablement vexé, *ce sècot d'ex-confiseur!*

JOSEPH.

Ah! ça!... il était furieux.

GIRAUD, *faisant un mouvement vers la gauche.*
Alors, j'y vas.
JOSEPH, *le retenant.*
Pourtant, monsieur...
GIRAUD, *timidement.*
Est-ce que tu ne veux pas que j'aille le retrouver ?
JOSEPH.
Je ne dis pas ça !
GIRAUD.
Alors, qu'est-ce que c'est ? dépêche-toi ! car tu ne peux pas exiger que je passe mes jours et mes nuits en tête-à-tête avec toi.
JOSEPH.
Voilà ce que c'est, monsieur... je suis amoureux...
GIRAUD.
Il n'y a pas de mal ! il n'y a pas de mal !
JOSEPH.
Mais pour me marier, il me manque quelque chose et je n'ose pas vous en parler.
GIRAUD, *vivement.*
Quoi ?.. de l'argent ?.. une dot ?..
JOSEPH.
Ça ne peut pas faire de mal.
GIRAUD.
Et tu as compté sur moi ? (*Il lui donne une bourse pleine*) Tiens ! tiens ! prends, prends !
JOSEPH, *après avoir regardé la bourse.*
Ah ! monsieur... ah ! monsieur...
GIRAUD.
C'est du fond de mon cœur ! (*à part*) et de ma bourse. Il me ruine le scélérat ! il me mange le peu de blanc des yeux que je possède !
JOSEPH, *mettant l'argent dans sa poche.*
Ah ! monsieur ! je vous remercie bien, mais ce n'est pas ça que je voulais vous demander.
GIRAUD.
Comment ! ce n'est pas ça ?... alors rends l'argent. (*Il s'approche de Joseph et veux fouiller dans sa poche*) Dans le gousset du gilet, dans le gousset à gauche.
JOSEPH.
Non, non, c'est bon tout de même... mais voilà l'autre chose.
GIRAUD, *à part.*
Il est insatiable. Je n'ai jamais rencontré un frotteur aussi onéreux que celui-là ; mais pour le prix qu'il me coûte, je pourrais me faire frotter, moi et ma famille pendant près de cent cinquante-deux ans, jour et nuit. (*haut*) Laisse-moi, laisse-moi, te dis-je !

JOSEPH.

Dam! monsieur! si c'est comme ça, je m'en vas.
(*Il se dirige vers la porte de droite.*)

GIRAUD, *à part.*

Le gredin! il sort pour me perdre. (*haut*) Mais du tout, je veux que tu restes, j'entends que tu t'expliques. (*Joseph revient, Giraud est exaspéré.*) Fais ta note, que je sache tout ce que tu desires, fais ta note! voyons, fais ta note!!

JOSEPH, *à part.*

Mon Dieu! est-il drôle! (*haut*) Eh bien! monsieur, je voudrais me marier, et la personne que je voudrais épouser…c'est celle que vous aimez.

GIRAUD, *avec effroi.*

Celle que j'aime?

JOSEPH.

Oui, monsieur, celle qui est ici.

GIRAUD, *très-fort.*

Ah çà! tu es donc fou?

JOSEPH.

Non, monsieur.

GIRAUD, *désespéré.*

Il se pourrait? (*à part*) Ah! Caroline, quel amour dépravé… (*haut*) Mais tu me dévores…tu me chippes tout ce qui est possible! (*Il le secoue violemment*) Tu ne seras donc jamais content?

JOSEPH, *cherchant à se dégager.*

Monsieur, c'est vous qui m'avez dit de ne pas me gêner, rapport à ce jour où vous avez eu le bonheur de me rencontrer dans l'escalier. (*On entend la voix de Moulineau.*)

GIRAUD, *très-fort.*

Veux-tu te taire! j'entends le papa Moulineau…j'entends le papa Moulineau!

JOSEPH.

Vous savez bien, monsieur, dans l'escalier…

GIRAUD, *violemment, mais d'une voix étouffée.*

Veux-tu bien ne pas crier… veux-tu bien ne pas crier…

JOSEPH.

C'est que je l'aime bien, monsieur…

GIRAUD.

Va-t'en!…Tais-toi!… (*à part*) L'existence avant tout… (*haut*) Tu seras satisfait; tiens-toi à l'écart… écarte-toi!…

JOSEPH.

Vous me le promettez?

GIRAUD.

Je te le jure!.. sur mes cendres!… Es-tu satisfait?

JOSEPH.

Oui, monsieur. (*Il sort.*)

SCÈNE XVI.

GIRAUD, seul, *se promenant avec agitation.*

Mais c'est un gouffre, que cet homme-là; il engloutit tout mon avoir... c'est une pompe aspirante... un puisard.... c'est un vrai puisard !!

Air : *Je suis jaloux.*

Pour moi, c'frotteur a la têt' de Méduse,
Il m'pétrifi' rien qu'avec son regard ;
Il s'fourr' partout, ou par force, ou par ruse,
Et je le crois, si c'n'est pas un puisard,
C'est un lézard ! un lézard sans excuse...
Je dirai plus! si c'n'est pas un lézard :
C'est un gueusard! (*bis*)

Et dire qu'il faut j'en passe par tout ce qu'il veut... Il y a des momens où j'en reste stupide, parole d'honneur !

SCÈNE XVII.

GIRAUD, TÉMOINS ET AMIS *entrant par la gauche*, puis MOULINEAU, ERNEST ET CAROLINE.

CHOEUR.

Air : *Au marché qui vient de s'ouvrir.*

Jour d'allégresse et de bonheur!
Caroline a donné son cœur.
Ah! pour Giraud c'est un beau jour,
Justement, il est de retour.

(*Ici Moulineau, Caroline et Ernest entrent par la gauche.*)(1).

MOULINEAU.

Vous voilà donc, monsieur ?

GIRAUD.

Comme vous voyez, beau-père.

MOULINEAU.

C'est donc vous, infâme coureur, qui faites la cour à toutes les blanchisseuses que vous pouvez vous procurer ?

GIRAUD, *à part.*

Oh, mon Dieu ! saurait-il mon crime ? (*Haut*) Ecoutez, beau-père... j'adore votre charmante Caroline, mais je vous prie de la donner à un de mes amis.

TOUS *les amis fesant un mouvement.*

Qu'entends-je !

MOULINEAU.

A un de vos amis !... Et lequel, s'il vous plait ?

(1) Ernest, Caroline, Moulineau, Giraud, Amis au fond.

GIRAUD.

A Joseph... mon frère de lait.

TOUS.

A Joseph ?

MOULINEAU.

Quoi ! mon frotteur, votre domestique ! Quelle est donc cette atroce plaisanterie ?

ENSEMBLE.

Air : du *Barbier de Séville.*

MOULINEAU.

Jamais, sur mon âme,
Elle ne s'ra sa femme ;
Oui, je le proclame,
Il n'en sera rien.
Ah ! c'est incroyable !
C'est abominable,
C'est épouvantable,
Se conduire ainsi !

ERNEST, CAROLINE *et* LE CHOEUR.

Giraud, sur mon âme,
Me $\Big\{$ croyait sa femme,
La
Grâce à cette trame,
Il n'en sera rien.
Ah ! c'est incroyable, etc.

GIRAUD.

D'ailleurs, votre demoiselle ne s'y opposera pas, elle a l'infirmité de l'aimer.

MOULINEAU *et* TOUS.

Comment ! elle l'aime ?

GIRAUD.

Et je vais vous le prouver... Joseph ! Joseph, arrive ici.

SCÈNE XVIII.

ERNEST, CAROLINE, MOULINEAU, GIRAUD, JOSEPH,
AMIS *au fond.*

JOSEPH, *accourant.*

Que veut monsieur ?

GIRAUD, *à tout le monde.*

Chut !... (*A Joseph*) Ne m'as-tu pas demandé celle que j'aime, que tu aimes et qui t'aime ?

JOSEPH.

Oui, monsieur.

MOULINEAU.

Comment! comment! ma fille?

JOSEPH.

Mais non, monsieur; pas celle-là... l'autre.

GIRAUD.

L'autre... Qui ça, l'autre?

SCÈNE XIX ET DERNIÈRE.

Les Mêmes, VICTOIRE, *paraissant à la porte de gauche, son panier à la main.*

ERNEST, *allant vivement au-devant de Victoire et l'amenant auprès de Giraud. Elle dépose son panier auprès de la porte.*

J'y suis! Celle-ci, monsieur. (*Il retourne à sa place.*) (1)

GIRAUD, *faisant un grand mouvement et jetant un cri perçant.*

Ah! Victoire! (*Il s'appuie sur Joseph.*)

VICTOIRE, *en même temps que Giraud.*

Monsieur Giraud!

GIRAUD, *à part.*

Si j'avais un rouleau d'Eau-de-Cologne, je m'évanouirais. (*A Victoire*) Vous n'êtes donc pas morte?

VICTOIRE.

Pas si bête!

GIRAUD, *avec joie.*

Ah! je ne suis pas un ignoble assassin!... je rattrappe mon estime!

JOSEPH.

Eh bien! n'est-pas, monsieur, que celle-là, vous me la donnez; v'là le moment de me récompenser du service que je vous ai rendu dans l'escalier.

GIRAUD, *criant très-fort.*

Ah! ça mais, quoi donc? dans l'escalier, à la fin!

JOSEPH.

Quand je vous ai empêché de vous jeter par la...

GIRAUD, *à part.*

Il ne savait rien, au fait! il ne pouvait rien savoir, puisque la voilà... (*A Joseph*) Scélérat! (*Il le secoue avec violence et le pousse jusqu'à l'extrémité de l'avant-scène à droite.*) Tu m'as dépouillé! tu vas me rendre tout ce que tu m'as chippé! et mon argent, et mon homme! Rends-moi mon homme et le déjeûner que tu m'as pris!...(*Il le secoue plus fort. D'un accent tout-à-fait furieux :*) Rends-moi mon homme... ou je te fais fusiller!!

JOSEPH.

Ça serait une atrocité!

(1) Ernest, Caroline, Moulineau, Victoire, Giraud, Joseph.

GIRAUD, *le lâchant, d'un air de mépris.*

Ah! tu m'as fourré dedans d'une manière indigne, Joseph!

JOSEPH, *vivement.*

Mais, monsieur, c'est vous qui m'avez tout donné.

GIRAUD, *d'un air de pitié.*

Je te chasse, car je te considère désormais comme un frotteur qui m'a fourré dedans! Caroline, je renonce à vous; Victoire, je suis vaincu.

JOSEPH.

Merci, monsieur, je vous dois mon bonheur.

GIRAUD.

Retire-toi, aspic! j'ai un mot à dire par ici.

JOSEPH.

Et moi aussi.

GIRAUD, *au Public.*

AIR : *Restez, restez, troupe jolie.*

Messieurs, je réclame l'indulgence...

JOSEPH, *s'avançant.*

Nous en avons besoin, hélas!

GIRAUD, *repoussant Joseph.*

(*parlant*) Qu'est-ce qui t'a dit que nous en avions besoin, hélas!
A-t-on vu pareille insolence!
Veux-tu t'taire ou bien parler bas!

JOSEPH.

Non, parbleu! je n'me tairai pas.
(*au public*) Je sais, messieurs, que la critique...

GIRAUD, *le repoussant. Victoire prend Joseph par le bras et l'oblige à s'éloigner.*

Ne l'écoutez pas, s'il vous plaît...
(*à Joseph*) C'est bien l'moins, être fantastique,
Que tu ne me chipp's pas mon couplet.

(*Au Public*) Voilà ce qui arrive; maintenant je suis obligé de recommencer. Voilà le couplet.

Même Air.

Messieurs, je réclame l'indulgence,
Maintenant le fait est certain,
Vous connaissez mon innocence;
Je ne suis qu'un faux assassin. (*bis*)
Vous, vous avez une arm' qui blesse...
Oh! n'ayez pas de mauvais desseins,
Car vous pourriez tuer la pièce,
Et vous seriez d'vrais assassins.

FIN.